世界が変わる時、変えるのは僕らの世代でありたい。

家入一真 著

この世で一番価値のあるものは何だろう？

そして、僕らはこの国、この時代に、
何のために生まれてきたのだろう？

この世の中に家族、恋人、友達、
そして、自分の命より大事なものはない。
その次に僕らが大事にすべきもの、職業や肩書き、
財産や安定などではなく、その他全人類の命だよね。
僕ら人類は幸せになるために生まれてきたんだよ。

そんな当たり前のことを、僕らはないがしろにしてないだろうか？

2014 年、僕は都知事選に出馬した。
政治が好きだったわけじゃない。
ただ、好きになれない政治家しかいなかったんだ。

テレビを通して流れている候補者の公約は、日本が抱える原発問題や
経済問題に対する政策ばかり。
それらが大事なことだってことは、中卒の元引きこもりの僕でもわかるさ。
でもさ、本当に僕らが直面している一番の危機的問題ってそうじゃない
だろ？って思ったんだよね。

本当に問題なのは、これだけ物質的に裕福な時代に生まれた僕らが、
１００%の笑顔で自分が今幸せだって言えないってことなんだよ。

僕らが住む日本は年間３万人の自殺者がいる。
その中には原因不明の変死者たちは含まれていない。
WHO の基準では、日本では年間１０万人以上の自殺者がいると
言われているんだってさ。
世界最強と言われて戦争ばかりしている米軍だって、
年間そんなに殺していない。
これってさ、原発問題や経済問題よりも、危機的な問題じゃない？
自ら命を落としていった人には、幸せになれる居場所がなかったんだよ。

世界中がひたすら進めてきた経済の発展の行く末ってどうなの？

日本の人たちが一世帯当たり所有する同じ台数の車を
インドと中国の全家庭が持つようになったらどうなる？

ホテルでキンキンに冷えた客室と同様に
世界中の全家庭がエアコンを使ったらどうなる？

コンビニが日々賞味期限で捨てている弁当と同じ量を
全世界のお店で捨て始めたらどうなる？

そもそも地球にそんな資源は残って無いし、環境だってもたないよ。
つまり、結局は経済の発展には常に勝者と敗者を生み出す必要が
あって、それらの恩恵を享受できる人とそうでない人を生み続け
るしかないんだよ。

全員が幸せになる可能性がゼロの社会。
そんなものを僕らはいつまで求め続けるんだろう？

政府が進める消費社会だってそうさ。
消費が止まれば経済が麻痺してしまうからさ。
本当は２０年使い続けることができる携帯電話だって作れるのに、
わざと商品の寿命を短くして２、３年で壊れるように作ってるんだよ。
むかしの冷蔵庫やエアコンは１０年、２０年使えたのに、
技術が発達した今の方が、僕らは、寿命の短い家電しか
手にできなくなってるんだ。

経済を発展させるにはもっと売らなくては。
そのためにはもっと消費してもらうために
人をもっと働かせろってさ。
そうやって使い捨ての社会を続けていかなくちゃいけなくなってる。
これは間違いなく政治問題なんだよね。

だから、日本が抱える一番の問題は、原発を含めた環境問題でも経済問題でもなく、今、政府が実行している経済を優先する社会モデルであって、政治問題なんだと思う。
僕らはみんな、もう一度、生まれてきた本当の意味を考え直す必要がある。

人間が幸せになるために必要最低限なものは何なのか？
家族、愛、人間関係、住居、食料、居場所。

まず政府は国民が幸せになる必要最低限のものを死守する必要がある。

僕らは経済を発展させるために生まれてきたんじゃねぇ！！
幸せになるために生まれてきたんだ！！

そして、今こそ、自分たちが幸せになって、
それを次の世代につなげていけるようにしないといけない。

生まれて物心ついたころから競争社会に巻き込まれ、受験で勝者と敗者が生まれ、大人になれば、厳しい消費社会で家計は車や住宅のローンでがんじがらめ。消費し続けることから逃げられないから、嫌な仕事も休むこともできない。
経済優先の残酷な消費社会。
そんな中で幸せを見つけろって言われても無理だよね。

やせ我慢しながら「自分は幸せだ！」なんて叫びたくねぇよ。

そんな漠然とした葛藤が常に僕の頭の中にあってさ。
決して売名行為でもなければ、
お遊びで都知事選に出たわけじゃないよ。
ツイッターで１０００RT で都知事選出馬っていうのも、
僕なりの照れ隠し。
もしかしたら逃げ道を作ってたのかもしれないね。
僕なんかが都知事になったら、
「家入なんかにまかせるぐらいならオレがやる。」
「このままじゃ政治がヤバい。ちゃんと考えよう。」ってさ。
それこそ僕らの同世代が政治に危機感を持ってくれるかも。
そんな願いを込めて出馬したんだ。

今回の経験で得た問題意識や人とのつながりは
大事にしていこうと思う。
今回の選挙は落選してしまったけど、
それでもニンゲン家入一真としてやれることは、
これからもやっていこうと思ってる。

世界が変わる時、
変えるのは僕らの世代で
ありたい。

家入一真

**生まれてきた赤ちゃんに
とっては、毎日の全てが
生涯初めてのこと。**

**大人になった僕らが
挑戦する気概を失って
どうするの？**

意見が変わるのは進歩です。

僕の発言はころころ変わることがある。
都知事選に出ると言ったり、やっぱり出ない、結局出る！なんてね。

ツイッターなどで発言したことを
「おまえ、この前はこう言ってたじゃないか！！」
なんて目くじら立てて怒ってもしょうがないよ。
人間の意見や発言なんて、他人の影響や自身の経験、
その日の気分でいくらでも変わる。
僕はそれを進歩と呼ぶことにしてるんだ。

僕らは、義務教育で、勉強をして、
いいところに進学すれば幸せになると言い聞かせられてきた。
でもどうだろう？
僕が今、大人になってみて思うのは、
本当に大事なことは、学校で教えてもらえなかった。
漠然と信じてきたことを疑ってみよう。
義務教育が終了して社会に放り出される僕らに、
なぜ学校は、お金の稼ぎ方を教えてくれなかったのだろう？
商売の方法や、株式会社の設立の手続き、決算や確定申告の仕方。
サラリーマンになる以外の生きる術を、何も教えてくれなかった。

なぜか？
そりゃそうだ。
国ってのは、会社と同じ。
自分たちにとって都合の良い人間を育てたいからさ。
利益を最大限生み出すためには、既存の企業の歯車となって
働く人たちがたくさん必要なのさ。
起業とか、ヒッピーとか、ミュージシャンとか、
不利益な選択肢を国民に与えたくないんだよ。
個々にとって何が幸せか？なんて問いかけることもなくね。

「オマエラ、コレが人間にとっての幸せだから、何も考えず、勉強して、卒業したら黙って働け！」ってね。

幸せの押し売りだっつーの。

ぶっちゃけ、僕らの世代ってさ、
選挙に投票しに行ったことがない人がすごく多いよね。
「どうせ、自分の一票で世の中が変わる事なんてないしさ…。」
っていう既決感みたいなものを感じちゃってるんだと思う。
自分が一票を投じることを無意味だと思ってるんだろうね。
でもさ、僕らは社会制度や政治のあり方に色々不満があるじゃん？
たとえば、勝手にバンバン増税されて、育児手当も減って、扶養者控除もなくなって、年金ももらえなくなりそうで、それでも住民税や年金を滞納すると口座が差し押さえられて、そんな中、政治家が不正に私利私欲のためにお金を使いまくってたら、ムカつくでしょ？

でもさ、僕はこう思うんだ。
文句を言うのは、その問題に参加し苦しむ覚悟のある人だけ。
文句を言わないのは、全ての不条理な結果を受け入れる覚悟のある人だけ。

何も文句も言えず、
されるがまま搾取されていく生活なんて絶対良くない。
だからさ、都知事選に限らず、
選挙で投票しに行くってすごく大事なんだよね。
選挙は、社会に対して、個々の参戦表明みたいなもの。
「オレ、世の中の不条理に対してガンガン文句言っていくんで
世露死苦！」ってね。

BE CAREFUL！！
社会を、政治を、常識を、
親を、先生を、そして、
全てを疑え！！
何が本当で、何が嘘か？
自分にとっての幸せは何か？
その道、ちゃんと見極めて
歩かない奴は、
ウンコ踏まされるぞ！！

STOP YOUR 無関心！！

震災以降、日本中で反原発の運動が盛んになったよね。
でもさ、まだまだだと思うんだよね。
別にさ、みんなが原発に対して賛成でも反対でもどっちでもいいんだ。
大事なのは、政治や社会に対して関心を持ち、問題の本質を知ろうとすることだと思う。
都知事選に出るまで、僕も何も知らずに漠然とした反原発派だった。
「電力なんて原発を稼働しなくてもまかなえているんだから、危険を冒してまで原発を再稼働する必要なんてないでしょ…。」ってね。
当時の僕みたいに、何も調べず、流行にのってとりあえず原発反対と言ってる人たちってさ、原発推進派の自民党の人たちのことを、
「あいつらなんて、東電とか、日本の大手製造メーカーと癒着して
莫大なお金をもらってるから、世論を無視して、私利私欲のために
危険な原発を再稼働させようとしてるんだ！」って思ってるでしょ？
でもさ、世の中って、そんなに単純じゃないんだよね。
僕も都知事選で色々勉強してさ、問題の本質を調べずに文句言うのは危険だなって痛感したんだ。
原発推進派の自民党の人たちだって、日本の未来をちゃんと考えているよ。
ただ、議論しているフェーズが違う。
彼らは原発問題を、危険か否かで議論するのではなく、
そもそも外交問題として捉えている。
日本は原発を持つ事によって大量のプルトニウムを保有している。
非核三原則とかもあって、表向きはそれらを武器に転用できないってなってるんだけど、実際は日本の技術では何とでもできるんだよね。

戦後、日本は軍を持たないと言いながら、いざとなればいくらでも核武装するだけのプルトニウムと技術を持っていますよ！っていうのが外交上の戦争抑止力になってた。
でも、プルトニウムっていうのはずっと活動状態にしていないと、
いざ戦争になった時に、すぐ使うことができないから、
原発を稼働しておく必要がある。
で、原発を完全に廃止したら、アメリカにプルトニウムを返さなくちゃっていう問題やそもそも技術的にどう撤廃するんだっていう問題もあったりしてさ。
だから、自民党の人たちからしたら、「原発を撤廃させたら、外交問題どうするんだ？戦争抑止力を無くした日本なんて、すぐ近隣国に侵略されるぞ！！」と言いたいところだけど、彼らの立場でそんなこと表立って言えるわけないよね。
まぁ、僕も人から聞いたりして知ったことだから、これらのことが本当かどうかはわからないから、みんなも自分で調べてから判断してね。
だから、原発問題一つをとってみても、とっても難しい。
だけど、決して無視できない問題だよね。

僕は、それらを踏まえても原発は反対派なんだけどさ。
日本の反原発派で活動している人たちにも色々いるよ。
困っている爺ちゃんや婆ちゃんがいるんだから、福島にボランティアで行ってガンガン復興の手伝いをしよう！という人たちもいれば、
汚染された土地に行くのは危険！福島の農産物は買ったらダメだ！！
DON’ T TOUCH 福島！！！と問題提起をする人たちもいる。

何が正解かなんて僕にはわからない。
ただ、STOP YOUR 無関心！
僕らの生まれた日本に関心を持ち、調べ、その上で自分はどう思うか。
ガンガン声を出していこう！！

僕は、教育上良くないと
言われるような大人で
あり続けたい。

いつの日も、
僕が憧れ続けてきたのは
そんな輩《やから》ばかりだったから。

批評・批判の
プロフェッショナル
になるのではなく、
問題の本質を見極めよう。

世界が笑ってしまった兵庫県議会の野々村さんの会見。
確かに僕も笑ってしまったけどさ、
ああいった方を選んでしまった僕らもいる訳で、
そして、ああいった方だったということを見抜くことが出来ない
選挙システムに問題があるのだと思う。
問題の本質を見誤ってはいけないよね。
少なくとも面白がって叩いてるだけでは何も変わらない。

マスゴミマスゴミだなんて普段はマスコミ批判をするわりに、
結局のところ批判と同じことを自らやってしまっているということに
気づいたほうがいい。

野々村さんもヤジ議員も淫行議員も選んだのは僕たちなんだよね。
持ち上げては落とす、を国民一丸となってやってるうちは、
何も変えられないと思う。

世界中の国防長官的なことをやってる人に一言。「人を傷つける武器ばっか作らずに、たまには人をハッピーにしちゃう武器作ってみろよ、バーカ。」

もし僕が自衛隊のお偉いさんだったら、
もし僕がプーチンだったら、
もし僕が金正恩だったら、
火薬や細菌や核の代わりにダウニーを搭載したミサイルを開発して、
いい匂い撒き散らすと思う。
みんながハッピー。みんなが喜び組。

もはや強い人だけが
強い時代では無いよね。
弱い人が弱さで繋がり
それが強さになる。
そして、その中から
世界を救うような
ヒーローが生まれる
時代がくると思う。

一人一人がそれぞれの好き嫌いを肯定しあう事が大事なんだよ。
みんなが言うから善、みんなが叩くから悪、あの人が言うから善、
あの人が批判してるから悪。そんな風に自分の判断基準を世間に委ねてきた結果が今な訳でしょ。他人がどう言おうと俺は俺、という態度を表明することから変えていこうよ。

立ち上がれ、
LOUD
MINORITIES ！！

中卒とかDVとかいじめ被害者とか貧乏とか非リアとか在日とか色々
あるが、そういう環境にいる人たちが恨みに対する執着を捨てた時、
最強の存在になれるのでは無いだろうか。
本当に辛い思いをした人のみが本当の意味で他人の痛みを理解し
優しくなれる。秘める狂気がある。
優しい狂気を秘めた存在。
やばい。スーパーサイヤ人ってそういうことだったんだ…。

女性は家庭に入るものだ、男は一日の大半を仕事するべきだ、
という社会通念をベースにした法律や古い仕組みが
未だに至る所に残っていて、それが女性のみならず
多様な働き方や生き方を妨げる原因になっているのだと思う。

働きたい女性は男性と同等に評価され、家庭に入りたい女性は
その選択を、頑張りを、評価される。
育児に専念したい男性は家庭を守る。
多様な生き方を男女問わず、お互いに尊重出来る社会がいいね。

金があれば働きたくない、それは男女問わず人類共通だと思う。
ただ僕が言いたいのは、女性や弱い人だけが割りを食う社会、制度、
法律はおかしいってこと。
今の社会は男女問わず誰にも優しくないよね。
男にも、女にも、ダメ人間にも、弱い人にも、みんなに優しい社会。
そんな社会に僕は住みたい。

昔飲食店でうちの子がどうやっても泣き止まない時に
「うるせーぞ！出てけ！」と大声でお爺さん客に言われ、
謝罪してそそくさと会計して退店しながら、自分は絶対に子持ちの親にはそんなこと言わないようにしようって心の底から思ったよ。
そんなお爺さんもおそらくは子供がいて、かつては赤ん坊だったんだよね。子供を育てた経験の有無は問題じゃないんだよ。
みんなだってかつては子供で、周囲に迷惑をかけながら大きくなってきた訳でしょ？だったらそのかけた迷惑を、大人になって寛容になればいいだけの話。人間なんて生きてるだけで他人に迷惑をかけるんだからさ。その分、他人の迷惑を許せばいい。

とかまぁ、綺麗事は置いといて、泣いてる子を抱えた親に
「大丈夫ですか？」と声をかけて一緒にあやしてあげたりしたら、
お母さんからも他の客からも超モテるよね？（笑）
お母さんにモテるって、何かエロいし…。それでいいじゃん。

赤ちゃんの泣き声に限らず、神経に触れる事なんて生きてたら
たくさんあるよね。
レストランでなかなか料理が出て来ない、肩をぶつけられた…。
言い出したらキリが無い。
でもそんな時にゆとりを見せて寛容になれば、
人間レベルがひとつあがるチャンス。

ゆとり世代、立ち上がれ！
批判され続けてきた君たち
が評価される時代が今！！

みんなマジ愛してるから、
一緒に生きて、
一緒に国ひっくり返して、
一緒に死のう。
生きてれば辛いこと、
楽しいこと色々あるけど、
結局人生なんて死ぬまで
の暇つぶし。
どうせなら踊らなきゃ損
でしょ。

死を覚悟しないと、この今の日本は変えられないと思う。
中途半端なデモやってもしょうが無いよね。
政治の舞台で勝負しても、何も変わらないよ。
政府も国家も、ひっくり返せない。
僕らにできるのは、自分たちで変わる革命しかない。
政府のお膳立てが無くても、
勝手に自分たちの良かれと思うことを実行していく。
エネルギーの問題も、高齢者や年金の問題も、
「僕らは勝手にこうやっていきますが、政府はどうします？
邪魔だけはしないでくださいね。
じゃないとあなたにだけは投票しませんよ。」ってね。

「優しい革命」

グローバル化、市場の飽和、少子高齢化、etc…でダメになってく
日本の中で、国に依存せず、自ら居場所を作り、寄り添って生きて行く。
僕らは僕らでやるよ、と。これが新しい幸せの形なんじゃないかな。
世の中には多数の網の層があるよね。
会社、学校、地域、家族、友人、行政。
その全ての網目からスルスルと一番底まで落ちてしまう子たちがいる。
僕もそうでした。そんな子たちの居場所はどこにあるんだろう、と。
行政に期待してもしょうがない。僕らで作るしか無いんだよね。
そんな僕らの居場所作りに必要不可欠なのが、共同生活の場とネット。
現代の駆け込み寺（シェアハウス）"リバ邸"を日本中に作りつつ、
ネットで場所や従来の関係を飛び越えた、新しい人の繋がりを作ってく。
それが弱い子たちの新しい家族の形になり得るのではないかと信じてる。
そういう意味では、ネットとリアルをわざわざ分けて考える必要なんて
無いんだな。むしろシームレスに繋がってきている。
Webプラットフォームを作ることと、リアルな場で仕組みを作ることは、
"居場所作り"という点において何も変わらない。
なるべく国などに依存せず生きてくために、そして網目からすり抜けて
落ちた子たちのために、僕らは僕らの居場所を、仕組みを、自ら作ってく。
なかなか変わらないものを変えようとするより、
自分が変わった方が手っ取り早い。
それが「優しい革命」です。
集団が苦手で、家からも出られず、大声も歌声も持っていない僕らに、
出来るデモだってある。そう思いませんか？

優しい革命は始まってますよ、
みなさん。
他人の弱さや甘えを許容出来
ない人は置いてかれちゃうよ。
資本主義経済の中で、
グローバル化の中で、従来、
強者とされた人たちが見下し
見捨てた弱者の時代がやって
きます。キーワードは「優しさ」
になるでしょう。
優しさで繋がる弱者が強くな
る社会がやってくる。

いじめ、就活苦、ブラック社畜。グローバル化に取り残され、
少子高齢化も世界の最先端。地震も原発も未だに抱えたままの、
絶望の国、日本。
希望があるとするなら、世界中の弱者やマイノリティにとっての
希望の国になることなんだと思う。
こんな国だから、これからが超面白い。
絶望から新しいものが生まれる
弱者やマイノリティに優しく寛容な国。
成熟しきってこれから縮小するしか無い先進国では、
少数派との繋がりが重要になる。

社会に蔓延《はびこ》る偏見や
不当な法律…。
大きな愛と受容をもって
立ち向かえ！！

２０歳の時、夢に老人が出てきて、僕にこう言った。

オマエはこう思ってるんだろ？
「きっといつかは自分も報われるはずだ。」
そうして、ある日、ふと気が付くのさ。
何も夢に挑戦しないまま、歳をとった自分に。

夢が叶わなかったのは、
時代のせいでもなく、
リスクを負う事を反対した親でもなく、
安定志向の妻でもなく、
生まれてきた愛しい息子、娘のせいでもなく、
全ては、夢を記憶の彼方に押しやり、
「まだ自分は本気を出していないだけ…。」と自分に言い聞かせ、
「今の仕事だってツライけどやりがいはある…。」と思い込み、
「家族のためだからしょうがない…。」と言い訳し、
「これはこれで幸せだ…。」と自分を殺しながら生きてきた
オマエのせいだということに気が付くんだよ。
オレのようにな…。ハッハッハッハッハッ！！

僕は夢から覚めてこう思った。
夢で良かった～。

人間は、やった後悔よりも、
やらなかった後悔の方が
深く心に傷として残る。

飲みの場で、
「うぉーっ、なんてことをしてしまったんだ…。」
ってのは、後で笑えるポップなことだけど、
「なんであの時、勇気を出してやらなかったのだろう…。」
ってのは、その場が暗くなるジャスト後悔な話だよね。
物事の判断は、後に飲みの場で笑って話せるかどうかで
決めればマチガイナイ。

それいけ！
アンポンタン！！

諦めが大事とか言うけど、本当は、諦めた後が大事だよね。
一度、夢に破れた人や何かを諦めた人は、自分に問いかけるべき。

で、オレ、どうする？
どう変わる？？

オチてる暇など無い。
次も、同じことを繰り返しておきながら、
違う結果を求めるなんてのは、アンポンタン。
界王拳２倍が通じない相手には、３倍、４倍、からの元気玉だよね。

「頑張ります！」
なんてのは日本語で
一番ダメなセリフ。
具体性も将来性も
何も無い。

結果が出ていない部下が上司に怒られると、
デフォルトのようにくっついてくる「頑張ります！」というセリフ。
これを言う部下も、それで納得する上司も、両方ダメだと思う。
結果が求められる局面で必要とされるのは、そんなことではなくて、
具体的なアイディアや打開方法でしょ？
そもそも、人間なんて、ずっと頑張り続けるなんて無理なんだからさ。
「頑張ります！」と言って、その場しのぎでやる気を出したところで、
数時間後、その人の集中力が切れてしまったら、
また同じ状態に戻っちゃうんだからさ。
僕だったら、

今からビールを飲みながら、全顧客に電話して交渉します！とか、これからストーンズの曲を聴きながら１７時までには資料を作り終えます。

っていうスタッフの方が、具体性も将来性を感じるなぁ。

成功の反対は失敗ではなく、挑戦しないということ。

人生は、自分のやってきた日々のエピソードが積み重なって、
一つの物語として成立していく。
だから、成功の反対ってのは何も挑戦しないってことだと思う。
失敗を恐れて、やらない理由を探している時間なんて、
何のエピソードも生まないからね。

失敗は学びであり、成功へのプロセスであり、
同時に、美しい人生のエピソード。

ドラクエ的には、成功はバラモス。
レベル１でいきなりラスボスを倒せるようなゲームは面白くないでしょ？
ガンガン色んな敵と戦って、勝ったり、負けたりしながら自分のレベルを上げていこう。
そのうち、バラモスをも倒せるような武器や魔法がみつかるからさ。

自分がスタートしないのを
仲間のせいにするような
クソッタレにはなりたくない。

何かをスタートする時、
仲間の足並みが揃うのを待っていたら
いつになってもスタートできない。
みんな、自分のペースがあるからさ。
マラソンで、今から猛ダッシュしようとしている人が
ヘトヘトになっている仲間に「足並みを揃えようぜ！」と
言っても誰もついてこないよ。
自分がペースを上げて走り出すと、
自ずとそのペースで走りたい仲間が集まってくる。
上場を目指したりする勢いのある社長のまわりに
士気が高い社員が集まるのは必然なんだと思うな。

お金を稼ぐために起業する人が、
「世のため、人のためであり、
お金のためじゃありません。」
なんて言うのは、お金を払って
くれる人たちに失礼な話だ。

そもそも、事業なんてのは、世のため、人のためにならない限り、
利益を生み出すことも、継続することも出来ないんだからさ。
それをわざわざ、世のため、人のためなんてアピールしてくるなんてのは、余程、自分のやってることに自信が無いんじゃないかな？
「お金のため」っていう言葉がタブー視されてる世の中だけどさ、
そう言っちゃうとバッシングされるのもおかしな話だよね。
この世の中にお金を必要していない人なんて
ほとんどいないんだからさ。
みんな、一日の大半の時間を使って働いてお金を稼いでるくせにさ。
「僕は男だけど、チンコなんてものは付いてません！」
って言ってるのと同じぐらい違和感があるよ。

世の中のほとんどの事は原因と結果の普遍的な法則に支配されていて、
もしかしたら、僕ら起業家が立ち上げる事業も、
所詮は、それらの法則に則って成功したり失敗したりしているだけのことなのかもしれない。

でも僕は、幸運にもその法則がどういうものなのか理解していない。
だから、何度挑戦しても、まるで初めてかのようなドキドキ感を
味わえるんだろうな。

神のみぞ知るのであれば、
よう、神様よう！
絶対に結末を教えるような野暮なことはしないでくれよ。

STOP YOUR 他力本願！

「僕にはアイデアがたくさんあります！」
なんてアピッてくる若い子がたくさんいるけど、
世界中で同じ事を寝ずに考えてるチカラとスキルを持った
天才がたくさんいることを知った方がいい。
実行できないアイデアなんて価値ないよ。
酷な言い方かもしれないけど、
自分のアイディアをカタチにしてくれる人を探す暇があったら、
自分がそうなれるように頑張った方がいい。

個が幸せになるための条件？
僕の場合は、お金に依存しない、自分だけの楽しみ、時間、
居場所を持つことかな。
もちろん最低限守るべきものを守るためのお金や、
ビジネスや表現を立ち上げて走るための元気も必要だけどね。
一人一人が自分の中に、幸せのモノサシを持つべき。

幸せのモノサシとはチンコのデカさのことではないからさ。短小包茎の僕でも、幸せになる余地はある！

頭いい奴がスマートに
何かやってもつまらない。
時には不格好に踊ろうぜ。

リスクとリターンの関係。

リスクを負って何かをする時は、
リターンが無かった時の覚悟も決めておくべき。
パチンコに行って、この台は当たる！と思って持ち金をオールインしたけど、全く当たらず…なんてのはよくある話でしょ。同じことだよ。
当たらないからって、台をぶっ叩いて文句を言うなんてみっともないよ。
一度、信じてお金を投じたなら、ノーリターンになることも受け入れなくちゃダメ。

ノーリスク・ノーリターン。
文句言うのはノータリーン♪
たまにリターンでチャリーンチャリーン♪♪
こんな風に口ずさめば、だいぶ気持ちがポップになるよね。
まぁ、財布の中はまんまだけどさ…。

常識からはみ出した部分が
あなたのオリジナリティ。

「平凡な生き方はイヤだ！」と言いながら、
周囲の意見や評価を気にし、
常識を無視できないのは矛盾してるよ。
常識からはみ出して、
周囲から後ろ指を差されるようになってからが
オリジナリティのスタートだよね。
出る杭は、打たれた分だけ打たれ強くなる。
そうやって自分のオリジナルな部分を強くしていけばいい。

夢を叶える一番簡単な方法。

飲みの場に顔を出し、自分の実現したいことを語る。
他人の夢や悩みにもちゃんと耳を傾け、
自分にできることがあれば積極的に無償で動く。

これら２つを習慣的にやってれば、
夢は勝手に叶っていくよ。

起業家が野球選手より恵まれているポイント。

たとえどんなに不運続きの厳しい状況でも、打席に立ち続ける限り、いつでも一発逆転のホームランはある。
野球選手はどんなにすばらしいホームランを打っても、一発で4点以上は入らない厳しい世界だけど、起業家は、九回裏 99 点ビハインドでも一発で 100 点以上をとることだってできる。
なんなら自動延長で 20 回裏まで戦うことだってできるんだぜ。

そう考えると、なんとかなるさ～って思えるよね。

結果じゃないなんて言わないよ絶対。

究極の結果は、今、自分が幸せかどうかだよね。
ビジネスで成功して大金を稼げても、幸せじゃなければ結果が出てないのと同じじゃんね。
みんな、表面的な結果を追い求め過ぎて、自分の目指すべき本当の結果は何なのかをスルーしちゃってない？
自分が幸せになるのに一番必要なものは何なのかを一度突き詰めて考えてみようよ。
大事なことは、何をどう手に入れるかではなく、どんな気持ちで日々を過ごせれば自分は幸せかだと思うな。

合い言葉は、
「僕らのスイス銀行！
年利５％で２００マン！！」

日本全国の実家に寄生し引き込もり生活を送るダメ人間諸君！
スイス銀行ってアツいよ！！

このご時世、いまだに年利５％ぐらいだからさ。
永世中立のスイスだから、口座が凍結されるリスクも少ない。
最低４０００万円の預金が必要らしいけど、
４０００万円の５％といえば、年間２００万円。
僕ら引き込もりからしたら、必要十分な金額だよね。
世の中にどれだけ後ろ指さされても、
親に毎年２００万円あげた上でお小遣いをもらって生活をすれば、
どうどうとしたセレブな引き込もり生活を送ることができる。
弱い人の気持ちがわからない高慢なリア充たちが、
「おまえら、いい歳して、いつまで親に迷惑かけてるんだ！」
と言ってきても、
胸を張って、「おまえらこそ、そんだけ毎日仕事して稼いでるのに、
親に年間２００万円すら仕送りしていないなんて、なんて親不孝者
なんだ！」って言い返せるしね。

日本全国の引き込もりのダメ人間諸君。
ちょっと外に出よう！
サクッと４０００万円稼いで、僕らの大好きな実家に帰ろう。

「人生の転機はなんですか？」
なんて質問をよくされるんだけど、はっきり言って、
人生で転機と呼べるほどの
出来事なんて、
そうそう起こりません。

自分の目の前に女神が舞い降りてきて、
人生を変えるような転機をくれるのを待っていたって、
いつになっても現れやしない。老人になっちゃうよ。
「ソープに行きな！」って感じだな。
人はドラスティックな出来事を求めるが、
目の前の点を打ってくしか無いと思う。
目の前の点を死にものぐるいで形にしていって、
それを後から振り返った時に、
ようやくその点が線として繋がってみえる。
その線がやがて自分のやるべき事として、
自分の前に道として見えてくる。
そう言った意味で、人は夢なんて、持たなくていい。
ただ目の前の、やるべき事を、前のめりでやればいいんだよ。

“本当の自分”なんて幻想で、あるのは自分という人間の生きてきた時間と状況の変化の積み重ねだ。
ナンバーワンよりオンリーワン、もいいけど、
自分なんてただのワンオブゼムであることを知る。
自分なんて所詮、替えのきく大勢の中の一人な訳です。
自分なんて存在しなくても、明日も世界は回り続ける。
僕はよく、自分のいない世界を妄想するけど、
その世界は今の世界と全く何も変わらない。
自分なんていなくても回る世界で、
生きる意味や本当の自分なんて幻想を追い求めるから、
結局見つからずに絶望する。
あるのは自分という人間が生きてきた時間の積み重ねのみ。
つまり自分だけの物語。
そしてその物語こそが自分だけのもの。
生きる意味なんて無いが、一人一人の物語だけはそこに存在する。
“本当の自分”なんか探さなくても、
物語は実はすぐそばに落ちてるんだよね。
自分という、社会的に替えのきく、特別でも何でもない、
愚かな人間が綴る物語。
それだけは替えられない。

辛い過去やダメ人間であればあるほど、その物語は面白くなる。
成功伝を読んで他人の物語をなぞる必要なんて無い。
本当の自分や生きる意味を外に追い求めたり、無理に自分を変えようとするのでは無く、今まで生きてきたそのままの自分を受け入れて、すでにそこにある物語を見つけ、続きを綴る。
自分探しより物語探し。
「具体的に何をすればいいのさ？」
という声も聞こえてきそうだけど、それもあなたの物語。

会社は万能な居場所ではない。

会社に多くを求めるのは、もうやめよう。
会社は会社のロジックでしか動かない。
創業者の想いがどうであれ、会社はある一定の規模を超えると
成長に向かって、勝手に動き出す。
創業者がどうコントロールしようとしても無理だ。
変えられないものを変えようとするより、自分が変わった方が早い。
病むくらいならさっさとその場から逃げ出すか、
割り切ってそこに居ながら、他の居場所を探そう。
会社に全てを求めても無理だよ。

悲しいけど、散々、会社を創ってきた僕にはわかるんだ…。

人はすぐに何かを求めてしまう。
金が欲しい、時間が欲しい、見返りが欲しい、
自分だけを見ていて欲しい、良い人だと思われたい、
助けて欲しい、恩返しして欲しい、幸せになりたい。
求めるから、それが満たされない時に、人に絶望してしまう。
人間なんて所詮、感情や打算で自分勝手に動く汚い存在だ。
僕はもう、人に何かを求めることはやめたよ。
だからと言って人を信じることを諦めるのでは無く、
その前提に立ち、見返りなんて求めずに一方的に人を信じる。
そもそも人を信じるとか救うなんて、
一方的で独善的でワガママな行為なんだ。
見返りを求めなければ、絶望することも無い。

求めるな、信じろ。
求めるな、自分でやれ。

夢なんかねぇよ。
日々、絶望してるからさ。
今の自分がやれることを
やるだけさ。

若いなら夢を持ちなさい、男なら大きな夢を持て、希望を持て、
未来は明るいぞ、なーんて大人は口を揃えて言うけど、
それが強迫観念になってしまってるんじゃないかなあ。
夢が無きゃ人間じゃない、なんてね、ただの思い込み。
自分の果たせなかった夢を下の世代に押し付ける行為は、
とても残酷だ。

寝言は寝て言え！
って感じだな。

消費を産むために、この世は見せかけの夢や希望で満ち溢れている。
他人や宗教や会社やテレビや本が見せる夢や希望を信じるのは勝手だが、裏切られることを前提に常に自分の頭で考えよう。

この本だって同じさ。
「本で読んだ家入一真ってこんな感じだ！」なんて幻想を抱いたとしても実際の僕は自他ともに認めるクソ人間。
１６０円の切符を買って会いにくる価値すら無いかもしれないよ。

要求ばかりする人間とのつきあいはとても面倒臭い。
要求はすなわち依存である。
例えばアルコールやドラッグと同じで、
人はいとも簡単に人に依存する。
やがてより度数の高いものを求めるようになり、
そしてそれが叶えられない時に絶望し愚痴るのである。
最初の感謝などさっさと忘れてしまってね。
人付き合いはサービス業じゃないんだから、
他人に好意を強要するなっての。

動物は群れて寄り添いあいながら生き、
強い動物を前にした時は全力で逃げるでしょ。
動物は知っている。群れること、逃げることは恥ずかしい事じゃない。
立派な防衛本能であり、それが生きる強さなんだよね。

人間は、弱さと強さ、厳しさと優しさ、バカさと真面目さ、エロさと紳士さは併せ持つことが出来る。その両極の振り幅がそのまま人間の幅、表現の幅になる。振り幅はでかければでかいほど面白い。大切なことは、0と1の間にグラデーションで存在するんだよね。

日常に潜む暴力性。

ネットの掲示板などへの投稿は、僕は、匿名でも別にいいじゃん派ではあるんだけど、それでも、顔の見えない赤の他人が突然投げつける暴力的な言葉は本当に怖いと思う。言葉が怖いと言うよりは、日常の中で暴力スイッチが突然入る、その状況が怖い。
何があったのだろう、と思うけど、きっと何も無いんだよね。

studygiftを思い出す。
僕らは国の機関じゃない。
困ってる人を助ける義務なんてさらさら無いよ。
人が繋がることで実現する、互助会的な共同体を作る実験は、
楽しいからやってるだけ。求めるだけの人はこぼれ落ちるだろう。
でも、国や社会の仕組みからこぼれ落ちた人たちを受け入れられるかもしれない。
僕やstudygiftの存在をネットで知っただけで、批評・批判している人たちは、そんなにも使命感を持って自分の人生を、名前も知らない困っている人たちを助ける活動を日々行っている人たちなのかな？
僕には、何かをやろうとしている人の粗捜しをして足を引っ張ろうとするだけのクズ野郎たちとしか思えない。

もう一人の自分が頭の上から見下ろしてるイメージで、
「おっと家入が今カチンとした！」「家入悲しんでます」「家入緊張して手が震えてるー！」なんて、自分自身の感情を脳内で実況中継すると、たちまち主観や状況を相対化でき、冷静になれて良いですよ。
特に感情に振り回されてしまう人にはおすすめ。
プロレスの実況中継を参考にすると上手にできるよ。

中学時代に引きこもりになって、笑い方を忘れてしまった頃から、
そうやって脳内で自分自身を実況中継をする癖がついてしまったよ。

怒りや悲しみといった感情の発露は、相手もまたそれに反応するという事を考えてもコストがとても高い。もちろんそれをぶつけなきゃいけない局面もあるが、ネガティブな感情は基本的に自分の中で相対化し昇華してしまった方がコストが低い。
それは争いを生まない、優しい対応にもなり得る。
感情発露のコストを下げるという点では、LINE スタンプもまたその効果があるように思う。
怒ってることを伝えたいが、文字や言葉で伝えると角が立つ…。
そんな時に、怒ってる風のスタンプを送る。
もらった方も謝罪風のスタンプで返す。
これで双方の感情が相対化され、丸く収まる…（といいな…）。

僕は、「お互い様」という言葉が大大大大、大好きです。

人付き合いとは本当に面倒なものだ。
だけどそれはお互い様なのだし、結局のところ許しあうしかない。
即ち、諦めの境地。人と人は決してわかりあえない。
わかりあえないのを前提に、どう振る舞うか。
負の感情に負の感情で返すのでは無く、受け入れて許せば、
争いも起きない。それはある種の諦めなのだ。

「諦める」と言うとネガティブに捉える人も多いかもしれないが、
諦める事で生きるのが楽になることもたくさんある。
金、名誉、劣等感、繋がり、怒り、悲しみ、妬み、人生、過去。
囚われ、一歩も進めなくなるくらいなら、
いっそのこと諦めてしまえば楽になる。
元々、「諦める」とは、「明らかにする」と同義だったりもする。

他人に期待をせず、依存もせず、諦めの境地で人付き合いをすれば、
腹が立つことも悲しくなることも妬むことも無い。
例え面倒を被っても、笑って許しちゃえばそれでいいのだ。
お互い様だしね。
迷惑をかけぬ様に生きるのではなく、
他人の迷惑も許せば OK の精神で。

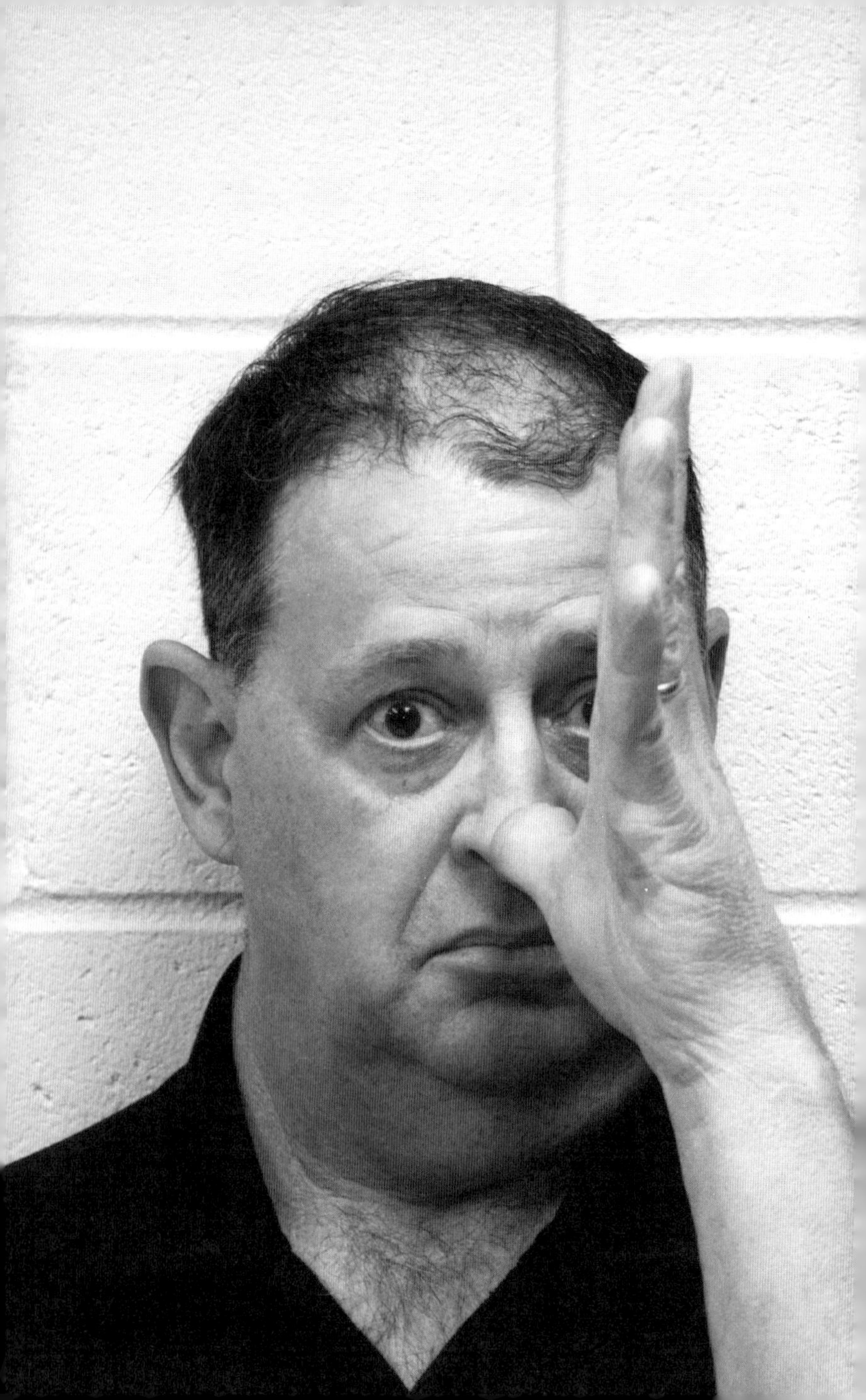

他人に対して怒ったり、
恨んだり、妬んだりして
しまう時は、
そんな苛立った自分を、
より客観的に、
俯瞰的に見てみよう。

もっと他に心配すべき
ことがあることに
気が付くはずだ。

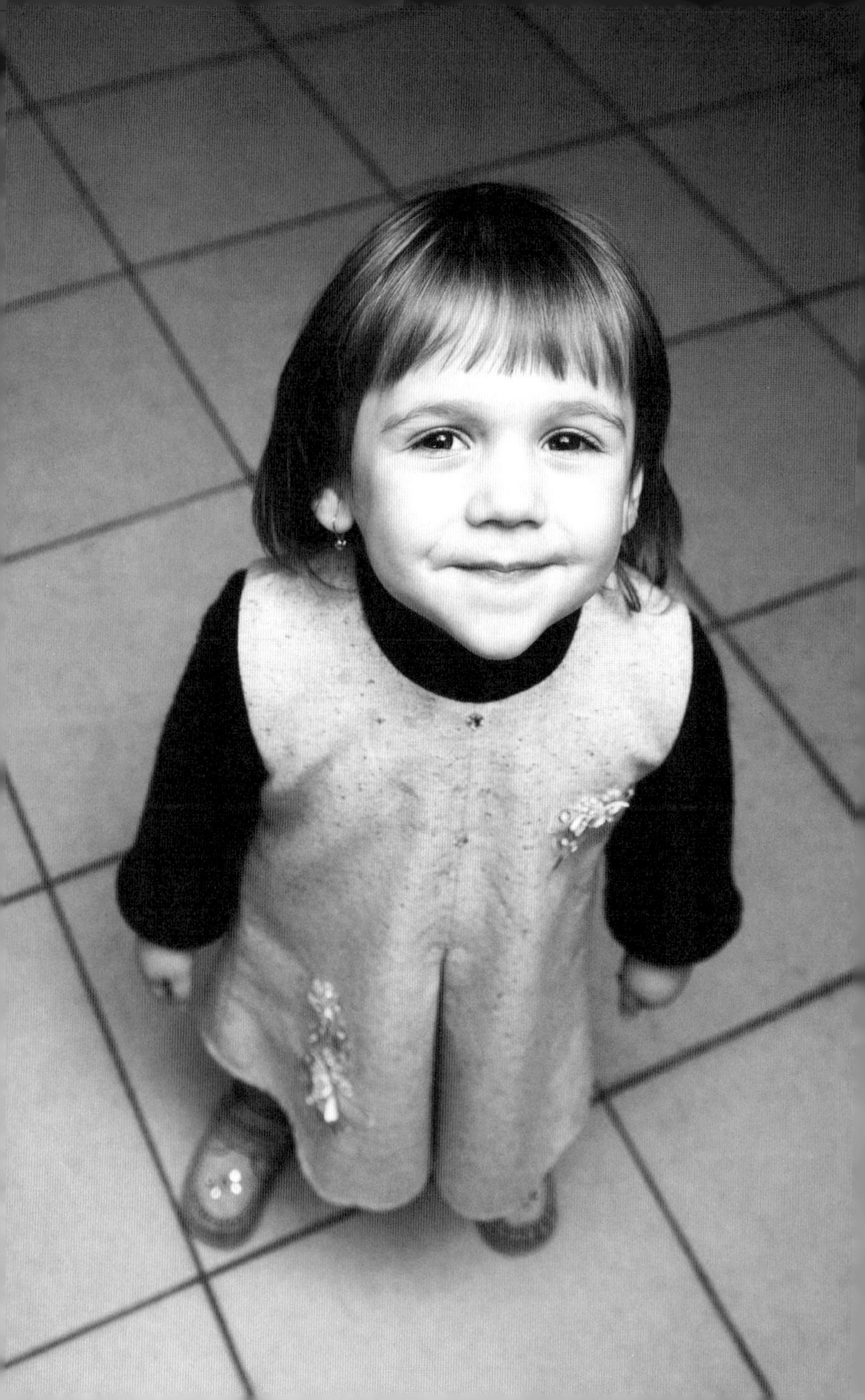

ネガポジ反転！！

仲間はずれにあえば、新たな友達との出会いの始まりってことだし、
「私なんて何も出来ない。」と思うなら、だからこそ、これから何だって出来るようになれるってことだし、就活に失敗すれば、
起業の可能性が生まれたってことだし、何事もまぁ捉え方次第です。
ネガポジ反転！
生きてれば誰しも辛い過去や劣等感はあるだろう。
そのネガティブな状況・感情に意味を見出し、
ポジティブに変え、次の一歩に繋げる。
自分で自分を許して、受け入れて、優しくしてあげる。
世知辛い世界の中で、せめて自分だけは自分に優しく。
自分に優しい人は、他人にも優しくなれる。

他人を羨む心が一番危険。
いつしかそれが妬む心に変わって
しまうことがあるから。
羨むぐらい行動している相手には、
積極的に応援し協力しよう。
そうすれば羨んだり、妬んだりする
こともなく、同じ夢を共有させても
らえる。
そして、いつか自分の夢を実現しよ
うとする時、その人も協力してくれ
るようになるよ。

他人への感謝を忘れてしまいそうになったら、
自分の身の回りを見渡してみよう。
住んでいる家も、着ている服も、ポッケに入れてる携帯も、
家具も家電も食材も、
ぜーんぶ他人が僕のためにつくってくれたものだ。
僕らの生活は他人が汗水流して働いてくれた労働の上に
成り立っている。

その全てに感謝。

社会はそんなに甘くない、
だからお前も地に足をつ
けて生きろ、俺だって色々
と諦めたんだ！
なんて意見、ほんと糞。
知らんがな！！
頼むから足引っ張るなっ
て思うよ。

古き悪き時代の人たちが、「俺は、私は、甘えを許されなかった。
だから、他人の甘えも許さない、許せない。」という、その気持ちもわかるよ、わかるけどさ、その負の連鎖はどこかで断ち切らなきゃならない。
断ち切るのはあなたですよ。過去に辛い思いをした人なら尚更、
今、辛い思いをしている人の気持ちがわかるはずでしょ？

人間だから嫉妬もするだろう。
だが例えその感情を抜きにしたとしても、甘えを許さないという意識が、この日本を息苦しくしているということに、いい加減気づかないのかなぁと思う。
甘えを許さず、逃げを許さず、弱い人間を追い詰める。
自殺大国になるべくしてなったとしか言いようが無い。

こんなクソみたいな世の中に、わざわざ自ら死を選ぶほどの頑張らなきゃいけない事なんて無いんだよ馬鹿野郎！！

僕は中２から学校に行けなくなり
18歳まで家から外に出られませんでした。
そんな僕の居場所はネットだけ。
学校からも社会からもこぼれ落ちた人間の居場所は
どこにもありませんでした。
国の、社会の、学校の、会社の、世間の、網の目から
落ちてしまった子たちの居場所はどこにあるんだろう。

宮崎駿さんの引退の言葉「この世は生きるに値する」は、
絶望の先から生まれた言葉だと思う。
僕にはまだ生きる意味もわからないが、死ぬ意味もわからないから
生きている。この世は絶望に満ちている。希望を持つから絶望する。
絶望から生まれるパワーで生を表現し続けよう。

絶望から生まれる力で、
なろうぜ、幸せに。
死んでる暇など無い。

死にたくても死ねずに生きている人たちを
僕が美しいと思うのは、
ある種の恥みたいな人間らしさを抱えて
生きているからです。
それは目に出る。

その日のテンションを、
寝てる時にみた夢に
結構左右される方です。

生きていれば色んな理不尽な目に遭う。
生まれながらにハードモード、家庭環境、友人関係、いじめ、DV、
恋愛、病気、死…。
それを悔やんだり恨んだりし続けても、生き辛さだけが残る。
起きてしまったことを変えられはしないが、次に繋げることは出来る。
逆に言えば、次に繋げることしか出来ない。

流した涙は、
綿毛となって空を飛び、
綿毛は種となって花を
咲かせる。

ガンジーと僕らに大きな違いはない。

困っている人にやさしくする。
お世話になった全ての人に感謝する。
権力に迎合しない。
世界の平和のために行動する。
これらができるようになるだけで、
僕らとガンジーに大きな違いはなくなる。
日本にリトル・ガンジーがいっぱい増えればいいなぁ。

こだわりやプライド なんてものは、 とうの昔に捨ててしまった。

僕には、自分はこうでなければいけないとか、
相手にはこうなってもらわなければ困るとかが、全くない。
自分がダメな部分がいっぱいある人間だと自覚しているし、
それをすぐ無理に改善できるとも思っていない。
できることならば、僕と関係する全ての人たちに
あるがままの自分を受け入れて欲しいと思っている。
だから、僕もどんな人もどんなことも、
あるがまま受け入れるようにしたいと思ってる。
不良もニートもズルい人もエリートも平凡な人も、
根底はみんな同じダメ人間だと思ってるから、
自分でその人をジャッジしようとは思わない。
その人の今をそのまま受け入れて、自分も受け入れてもらう。
そうすれば争いなんて起こらないと思うんだけどな。

本当は議論なんてしたくないんだ。

議論は嫌いだ。
意見のぶつかる相手を言い負かそうとするから、
勝者と敗者が生まれてしまう。
そんなところから友情は生まれないよね。
必要なのは話し合い。
正論ではなく、ありのまま自分の思うこと、やってることを話し、
多種多様の考え方や生き方があることを認識し、認め合い、
影響し合うことが大事。
議論で決着のつかなくなった先には戦争しかないからね。

真性かまってちゃんの僕が言うのもなんですが…。

会社など、組織にとっての一番の危機は中心人物の心が揺らぐこと。
経営的な危機は、みんなで頑張ればいくらでも復活できるけど、
リーダーが揺らぐことで生じる組織的な危機はチーム崩壊への一歩。

経営者も人間だからさ。
みんなでメンタルから支えてあげてほしいな。

TRUST > LIKE

「好かれたい」「嫌われたくない」などと考えて行動しても
何をすればいいのかわからない。
見返りを求めず、その人のために行動し続ければ、自ずと信頼される。
好かれるよりも、信頼される方がいい関係を結べるよね。

愛を求めたりするから、
それが手に入らない時に勝手に絶望してしまう。
愛とは求めるものでは無いんだな。
独善的に、一方的に、愛する。これが愛の態度。
愛に限らず信頼や友情も同じ。
心の何処かで見返りを求めて信頼するから
勝手に裏切られた気持ちになってしまう。
愛も信頼も、本来あるべきは一方的な行為なんだよね
もっと自分だけを見ていて、と欲する気持ちや執着が、人を狂わせる。
恋愛とは、結婚とは、束縛や執着では無く、究極の許し合いなのだな。
許し合いながら、共に生きる。恋愛に限らず、
友達や親子の関係も同じかな。
なーんて、僕は経験からそう思うようになった、
って話。

自分が何をしたいのか
わからない？

３５歳の大人にもなって、
深夜に一人でエビ煎餅にマヨネーズで「ウンコ」って文字を
書いてる僕の気持ち、君にわかるかい？
わからないだろ？
そう、僕にもわからない。
だから、若い子が自分が何をしたいのかがわからないなんてのは、
当たり前のことなんだよ。

僕は、孤独だ。

若い時は、ただただ苦痛に
感じていたこの孤独感も、
最近は、そんなに悪いも
のでもないな…と思える
ようになってきた。

自分は、人間は、
一人だという当たり前の
ことを思い出させてくれる。

悩みの大半は他人との人間関係に収束するね。
親や彼氏彼女にかけられた呪い、集団における自分の立ち位置、
友人関係、他人から見た理想の自分と現実の差異、etc…。
言葉は違えど、他人と自分の問題が切り分けられてない。

親がこう生きろと言う、自分はこう生きたいと思う、でも行動に移すと親は悲しむ。過去にこんな事を彼氏彼女にされた、自分はそれで病んだ、だから行動に移せない。
シビアなことを言うと、それは全てそれを理由にして行動しない自分を自分で受け入れてるだけなんだよね。自分の人生を生きていない。

自分がこんなことすると、親が、彼氏彼女が、友人が、他人が、
嫌がるかも、悲しむかも、怒るかもしれない。
それはさ、そう思う当事者である他人が自分自身で解決すべき問題であって、あなたが考えるべき事では無い。
そうやって問題を自分と他人で分けることが出来れば、
もっと人生はシンプルになる。

なーんてことを言うと、他人に迷惑をかけてでも、自分の人生を生きろって勘違いする人がいるけど、そうでは無くて、そもそも人間なんてのは他人に迷惑をかけながら生きるんだから、だからこそ他人の迷惑を許せればそれでいいじゃん！ということ。
親や子や旦那や奥さんや彼氏彼女や友人と言えども、
突き詰めると他人。
他人とは絶対に分かり合えないという前提に立って、
それでも自分はあなたにこうしたい、あなたを許したい、
そういう一方的な想いこそが愛であり、許しであり、
思いやると言うこと。
孤独な時間はそんなことすらも思い出させてくれる。

物語の主人公を生きよう！

人間の人生って、一冊の本みたいなものなんだと思う。
生まれてから死ぬまでの一つの物語。
だから、生きている間に自分の人生に意味や価値を見い出そうとしても意味が無いよね。読みかけの本の途中で、その本の書評を書こうとするようなものだからさ。
ゴッホの終生が死後に評価されたのも、坂本龍馬が、尾崎豊が、ジェームズディーンが、リバーフェニックスが若かりし頃に亡くなってしまったのも、それぞれの死が物語の最後に意味を残して締めくくっている。身近な人の死ですら、結局のところ死んだ後にしかわからない。いなくなって初めてありがたみを知るからさ。

つまるところ、自分が生きている意味なんて、死んだ後に残された人が勝手につけるってことだ。物語の書評は生前の自分を知っているまわりの人にしか書けないからさ。自分の死を、ある人は人生の転機にするだろうし、ある人は素通りするだろうし、ある人は文書に残すだろう。生きてれば辛い事なんてたくさんあるけれど、それを意味あるものに出来るか出来ないかは、自分が生きている間に自分がどう動くかだ。
エンディングを迎える前の物語の主人公が、
リリース前の自分の本の書評を気にして生きても無駄なんだよね。
みんな、生きる意味なんて考えてないで、
この時代で一緒に面白い物語を生きようぜ。

誰よりも先立って
クールビズを取り入れた僕は、
今、社会に先立ち、
ビールクズを実践している。

いいですか、僕はもう既にビール飲んでますよ。
そんな仕事の支度をしたり電車に乗ったりしてる間に、
僕は先に行ってますよ、早く追いついて。
今日はそういえば祝日だった。思い出した。今日は祝日です。決めた。
誰かの誕生記念日。誰かおめでとう。ありがとう。
いいですか、みんな、今日は祝日ですよ。

自分をダメ人間と認めない人たちの日常。

勝とうとするから、打ち負かされ、
期待するから、絶望させられ、
見下そうとするから、見下され、
許さないから、許されず、
救おうとしないから、救われない。

原因は全部自分にあるんだな。

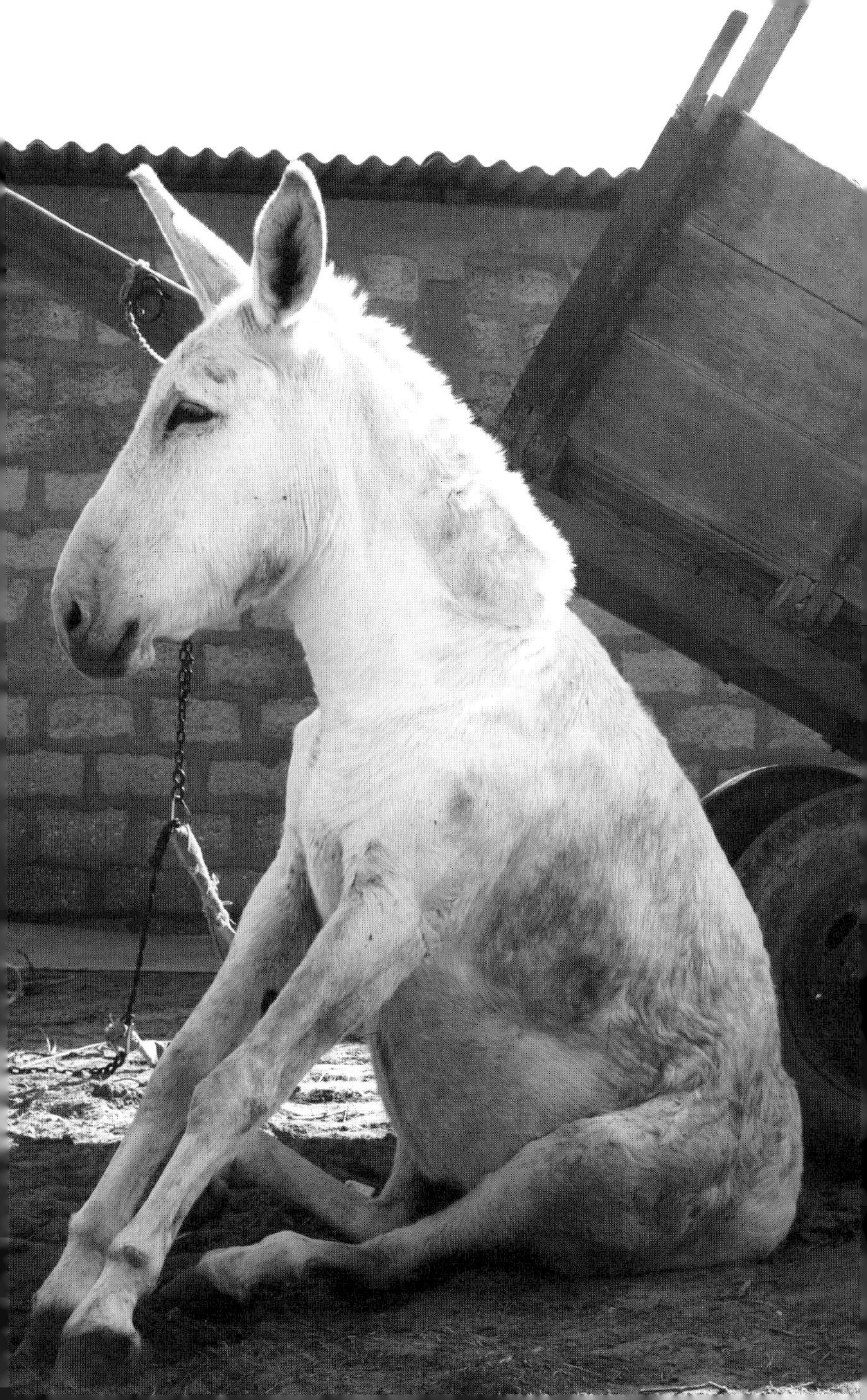

僕の好きな2種類のダメ人間。

種類 ①
仕事ではミスばかり、労働意欲も無く、就職してもすぐクビになり、
人見知りでまわりから素人童貞と罵られる。
そんな世間的にどんなに厳しい状況でも、他人を責めたり、
自分の不運を世の中のせいにして不平不満を語ったりしない人。

種類 ②
お金が無くて、毎日公園の公衆便所にお世話になり、家賃は滞納続き。
そんな経済的にどんなに厳しい状況でも、誰に対しても家族のように親切で、困っている人を心配ばかりし、財布に残ったなけなしのお金を他人のために使ってしまう人。

そんなダメ人間に僕はなりたい。

水なら蛇口をひねれば
いくらでも出てくるだろ？

やる気がでない。何もしたくない。
そんな日ってあるよね。
そういう時は、焦ったり自己嫌悪に陥らず、
とりあえず財布を開いてみる。
そこに500円以上あれば、やることは一つ。
コンビニで最低限の食べ物を買い、部屋に戻ったら、
「さぁ、今日はどんな何もしない日にしよう？」
と、心を躍らせて計画を立てればいいさ。

どんなに無気力でも、生きてさえいれば問題無いよ。

ダメ人間専用のライフハック。

「メールが溜まるとメールボックスを開くのすら嫌になるので定期的に目を閉じてオール削除する。」系の、自分の心理的負担を軽減する為のライフハックならかなり持ってる。
どれだけクズと思われても、みんなもっと自分に優しくていいと思うんだけどなあ。自己防衛本能だと思う。
ちなみに、「耳にマキロン原液を注入するとトリップする。」というライフハックも仕入れました。
なんか、すみません。

「やりたいことリスト」を作るより、
「やりたくないことリスト」を作ってみる。
新しい事を始めるより、いまやっている事をやめてみる。
あれもこれも、と手を出して散らかっちゃう人は、
頭をスリムにするところから始めてみるといいよ。
人のこと言えませんが…。

新しいことを始めるより、始めたことをやめる方が難しい。
だから人は惰性でダラダラと同じことをやり続けてしまう。
きっかけを待ってても何も変わらないよ。
ストレスに感じるほとんどのことを「やりたくないリスト」に
ブチ込んで、ほとんど白紙の状態から、
新たに本当にやりたいと思うことを「やっていくリスト」に
書き込んでいく。
こんな楽しい作業はなかなか無いよね。

「立派」なんかに
なってたまるか！！

十人十色。億人億色。
世の中が決めた
都合の良い正解なんかに
なろうとしてたら
ツマラナイ人間に
なっちゃう。

危ない危ない。
TRUST YOUR
SENSE ！

イッツァ
ワンダフルワールド ！！

こんなダメ人間な僕だが、
今日も雨風をしのげる屋根の下で目を覚まし、食事をし、大便したらトイレットペーパーで尻を拭き、今、一杯のビールにありつけている。
これに感謝。

「あー俺ダメだなー…。」
と思いながら
「まぁ、でもそんな俺も好き。」
と自分を愛せばいいんじゃない？

お金のために
一生懸命働くのは
ツライけど、
一生懸命働いたら
お金がもらえた！！
というのはハッピー。

目的と手段で考えるより、
原因と結果で考えたほうが上手くいく時もある。

ART
ART
ART

**困ったことに、
才能のある奴ほど
努力する。**

**努力でも才能でも
勝てない相手には、
最後の武器、感性で勝負。**

人間も脱皮する瞬間は、
無防備になる。

人が、何かに挑戦したり、
大きな成長を遂げようとする瞬間は、
借金を背負ったり、メンタルが追いつめられたり、
どうしても無防備な状態になる。
それでも、そのリスクを怖がっているようでは、
ザリガニで言うところの、マッカチンにはなれない。

過去の自分の行動から
予測される自分を
ぶっ壊せ！！

自分のやりたい事、やれる事を探そうとする時、
大人になればなるほど、過去の自分のやってきた範囲の中で
探そうとしてしまう。
それって、勝手に自分に限界を決めちゃってるって事だよね。
やりたい事をやれそうな事の中から見つけようとしたって、
いつになっても見つからないさ。
過去の自分は、もういないんだから。
未来の自分の予想図をでっかく描こう！！

人生なんてしょせん死ぬまでの実験だよなぁ。
そう思えば失敗も恥ずかしい思いも全ておいしいネタになる。
失敗も成功も怒りも涙もコンプレックスも辛い過去も全部
フラスコにぶっこんでグツグツ煮ちゃえ。
生きてる意味なんて、死んだ後にしかわからない。
実験実験。

酔って記憶が無い中、
自分で書き残した謎の
メモを朝になって発見。

「鎮まれ、鎮まりたまえ。
さぞかし名のある山の主
と見受けたが、なぜその
ように荒ぶるのか。」

種なんか気にしてたら
スイカも食べられない。

小さな事は気にせず、
平らげろ！！

いやー、なんなんだろなあ。
結局、こういうことなんだと思う。
僕らの住む国は。僕らが選択してきた未来は、
脅かすものをどんどん規制し、声あげるものは捕まえ、
メディアがそれを面白おかしく取り上げ、
同調した皆が転げ落ちた者を笑いものにする。
糞みたいだ。

糞みたいな現実は、
僕らが過去に選択してきた
未来だと言うことを忘れて
はいけない。
でもそれは、
僕らひとりひとりが
今日から動くことで
変えられる。

アマゾンで敵にまわすと
一番危険な生き物は
アリなんだって。
どんな猛獣もアリの行列
だけは避けて通るんだ。
僕ら一般人も、
そのぐらいの存在感を
政治に対して持ちたい。
アリンコ舐めんなよ！！
ってね。

理想をより具体的に、詳細にイメージする。
そこからひとつずつ足りていないピースを集めていき、
描いた理想を具現化していくんだ。

イメージした段階で、周囲は、
「そんなの理想論、戯言だ！」って言うかもしれない。
それでも理想を語れなくなったら終わりだ。
気にせず、集めるんだ。
ひとつひとつのミッシングピースを。

いつの時代も、
世界を変えてきたのは
世間知らずだからね。

僕が求める
人生の３大構成要素。

寝言のような
壮大な本音。

冗談のような
必死なアクション。

意味不明な
本気な人生。

**みんな、もっとポップに
道を踏み外して良いと
思うよ。**

僕は、
過去のことは水に流し、
今日を逃げ抜き、
明日を楽観して生きて行く。

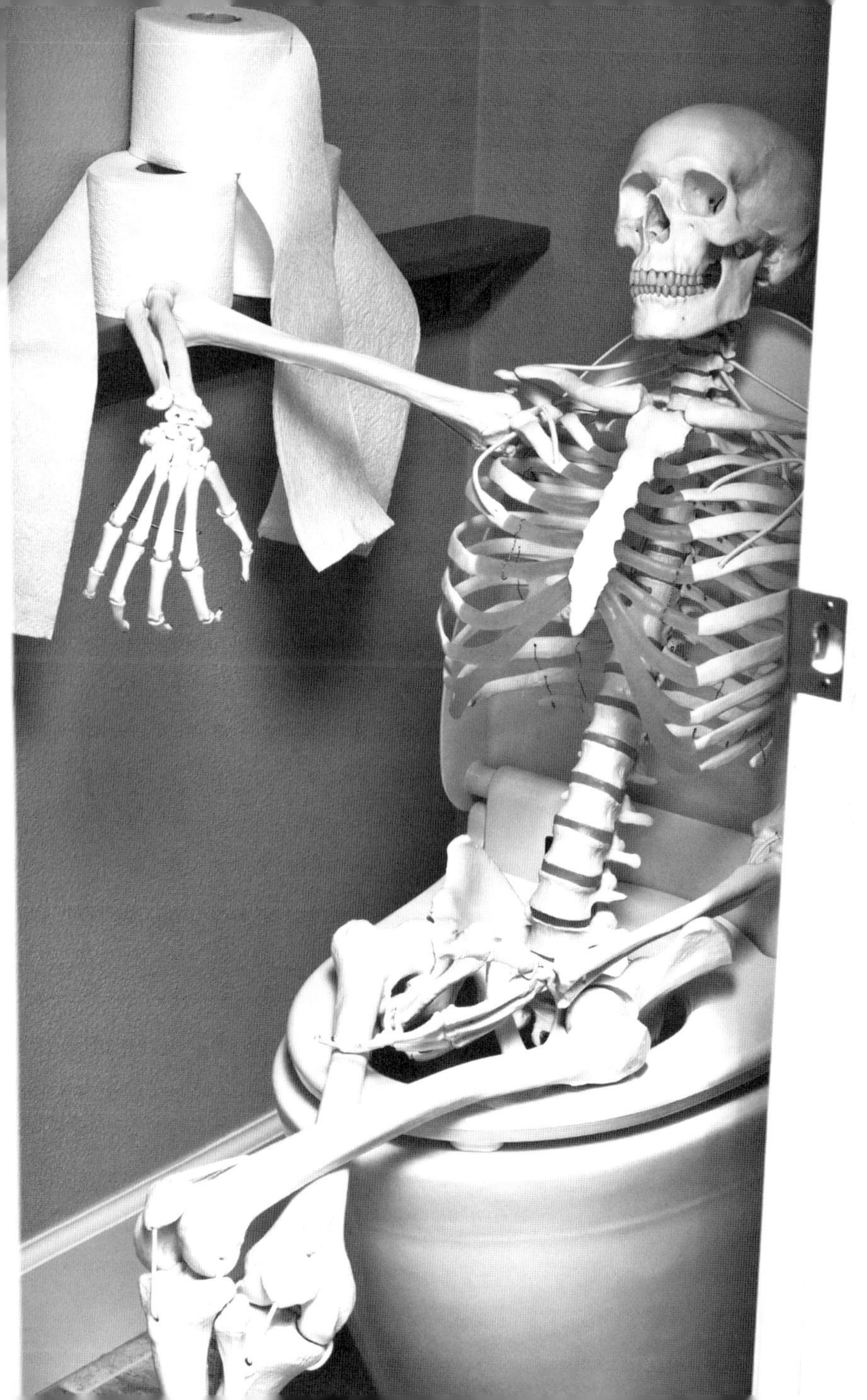

DEAREST 息子 & 娘

立派になろうとするのではなく、愛し、愛され、許し、許される人間になるべきだ。

何時間寝てもいい。
何度寝してもいい。
でも、起きるのを
やめたらダメだ！！

- 後書きにかえて -

自分の思いの丈を書き綴った前作『バカ、アホ、ドジ、マヌケの成功者』を出版してから約1年。あまり過去を振り返る事のない僕にとって、こうやって本を執筆する機会に過去を振り返ることが出来るのもまぁ悪くないな、と思います。

思えば僕の人生は5年単位で何かしら節目になるような出来事があったように思います。15歳あたりで家に引きこもり不登校、画家を目指し油画を描くも紆余曲折あり、23歳でpaperboy&co.（現GMOペパボ株式会社）を起業、25歳でGMOグループにジョイン、29歳で上場、30歳でペパボの代表を退き、カフェを立ち上げる。スタートアップ投資をしながら、この5年はCAMPFIRE、Liverty、リバ邸、BASEなどを立ち上げたりしてきました。

震災など時代の劇的な変化と共に自分の価値観、表現も大きく変わった5年だったなぁとも思います。何も経営のことをわからないままにガムシャラにペパボを経営してた20代を経て、表現者になりたかった昔の僕にまた近づきつつあるような気もします。

たくさんの知らない人が僕のそばを通り過ぎていきます。

一部の人が僕の元にとどまり、共に歩み、いつかは去っていきます。

そんな時ふと「結局一人だなぁ。」と寂しくなってみたりもしますが、その寂しさを紛らわすために、そして、そう思う子たちの為に僕はずっと場を作り続けてるのだなとも思います

時には炎上し、時には自ら作った場から無責任に去り、時には雑な仕事でたくさんの人に迷惑をかけてきました。都知事選出馬の際は、ボランティアスタッフの方々含め、世の中を騒がせてしまったり、迷惑をかけてしまったりしました。僕の予想では、これからも色んな人たちに色んな迷惑をかけていくことでしょう。

そりゃ去る人がいてもおかしくない。僕自身そう思います。

でも、だからこそ、それでも暖かく見守り続けてくれるみんなには、本当に感謝しています。

みんな生まれてきてくれて、ありがとう。
みんな僕と出会ってくれて、ありがとう。
出来ることならこれからもみんなと一緒に、
出会いと別れを繰り返しながらも共に歩んでいけたらと思います。
一緒に、人生を、既存の仕組みを、
自己表現しつつアップデートしていこう。

さてこれからの５年間、なにが起こるか。
夢や目標など持たず、時代の波の中で足元だけみて歩む僕には何もわかりません。
なんだか長く生き過ぎた気もします。
人生前のめり、どうせ死ぬなら前のめり精神で
全人生ぶっこんでいきますので、
これからもどうぞよろしくお願いします。
みんな愛してる！

家入一真

まるで初恋の相手に
出会った時の衝撃のように、
新たな夢を見つけた時の
背筋がゾクゾクする感覚。
その感覚を持続させること
のできる人だけが、
夢を実現できるのだと思う。

No Problem!
なんとかなるさ

心配事の９９％は、
後にどうにかなる
ただの取り越し苦労。
悩むに値しない。

逃げるも良し。
勝負するも良し。
帰ってセンズリするも良し。
一勝百敗二百逃げでも
周囲の記憶にはその一勝しか残らない。

やりたい事が見つかっても尚、
経験やスキルが無いことを理由に
勝負しない人は、その内、やりたい事を
やる勇気すらなくなってしまう。
夢が見つかっても尚、貯金してしまう人は、
その内、自分のためにお金を使う度胸すら
なくなってしまう。

絶望に効くクスリなんて、
つまるところ
未来に向けた行動しかない。

手を挙げよう。
声を出そう。
そして、
世の中に存在感を示そう。

世の中の言いなりに
生きる時代は終わったんだ。

世界が変わる時、
変えるのは僕らの

世代でありたい。

実業家

堀江貴文氏

僕が今一番注目の
愛すべきダメ人間、
愛すべき後輩！

ダメ人間の何が悪い？

そもそも、社会に完璧に適合できる人なんていない。
サボりたい、ラクしたい、ズルしたい。
みんな色んな負の感情を合わせ持って生きてるんだと思うんだ
それを無理に社会に適合しようとするからストレスを感じ、絶
いいじゃん、社会不適合な自分がいても。
社会適合者なんて、ただの都合のいい人間。
そんな人間には何の魅力も感じないな。

夢なんて持たなくていい。

大きな夢を持つことは素敵だけど、夢に縛られて身動きが取れなく
なってる人もいるよね。夢を持て、なんて子供の頃から大人に言わ
れすぎた。夢を持たなきゃ、と強迫観念に囚われるよりも、ただ目の
前のことを夢中にやれたら、それでいいんじゃないかなあ。

大きな夢なんか無くたって、ひとつ一つ目の前のことに、前のめりで
取り組んでたら道は見えてくる。興味のあることを点でやっていけ
ば、後で振り返った時に、その点は線でつながってたりする。
何も考えず興味の赴くままやりたいことをやればいい。
今やってることの意味なんて、後にならないとわからない。

今やってること、今起きている出来事の意味は、将来が後付けでつ
くる。生きているだけで色んなことがあるけど、それが意味がある
ことかどうかなんて、未来にならないとわからない。逆に言えば、
意味あるものにするのも、無意味なものにするのも自分次第だし、
そう考えたらどんな辛いことも乗り越えられるよね。

未来のことは未来の自分に無責任に託して、
今の自分にやれることをやればいいさ。
大きな夢なんて、あったらあったらで、
なかったらなかったで、それはそれ。

56

増刷
御礼

『バカ、アホ、ドジ、

ロンドンブーツ1号2号
田村淳氏
自分自身を変えたい奴！
この男に耳を傾けて
固定観念ぶち壊せ！
大絶賛!!
はほんとに人間の
だな！ってメール
よ。
こと、
僕のまわりも、
知ってるよ
って感じだな。
が病んで
にも後ろにも進めず、
にたくなったら、
力で逃げろ。
バカ、アホ、ドジ、マヌケ
の成功者
家入一真
実業家
堀江貴文氏 & ロンドンブーツ1号2号
田村淳氏 大絶賛!!
僕が今一番注目の
愛すべきダメ人間、
愛すべき後輩！
自分自身を変えたい奴！
この男に耳を傾けて
固定観念ぶち壊せ！
ネット炎上率NO.1
の起業家
史上最年少で上場したヒキコモリ起業家の
自由に、自分らしく生きるための言葉集
家入一真
話題の問題作
発行：NORTH VILLAGE　発売:サンクチュアリ出版　定価1470円(税込)
マヌケの成功者』

遊べて飲める
水タバコカフェ
NORTH VILLAGE
www.shisha-shibuya.com
NORTH VILLAGE BOOKS & SHISHA
@shisha_shibuya

渋谷１号店　tel 03-3461-1063

〒150-0042 東京都渋谷区宇田川町 4-10
ゴールデンビル 1F
営業時間　14:00 ～ 24:00（日曜日～木曜日、祝日）
14:00 ～ 始発（金曜日～土曜日、祝前日）

渋谷駅前店　tel 03-6455-3421

〒150-0043 東京都渋谷区道玄坂 2-8-9 市橋ビル 3F
営業時間　16:00 ～ 2:00（月曜日～木曜日）
16:00 ～ 始発（金曜日、祝前日）
14:00 ～ 始発（土曜日）
14:00 ～ 2:00（日曜日、祝日）

渋谷道玄坂店　tel 03-6427-0249

〒150-0043 東京都渋谷区道玄坂 2-28-5
SUN・J ビル 6F
営業時間　14:00 ～ 24:00（日曜日～木曜日、祝日）
14:00 ～ 始発（金曜日～土曜日、祝前日）

下北沢店　tel 03-3411-3955

〒155-0031 東京都世田谷区北沢 2-18-5
北沢ビル 2F
営業時間　14:00 ～ 24:00（月曜日～木曜日）
14:00 ～ 始発（金曜日、祝前日）
12:00 ～ 始発（土曜日）
12:00 ～ 24:00（日曜日、祝日）

吉祥寺店　tel 0422-26-8781

〒180-0003 東京都武蔵野市吉祥寺南町 1-1-3
イケダビル 4F
営業時間　16:00 ～ 2:00（月曜日～木曜日）
16:00 ～ 始発（金曜日、祝前日）
14:00 ～ 始発（土曜日）
14:00 ～ 2:00（日曜日、祝日）

世界が変わる時、
変えるのは僕らの世代でありたい。

2014 年 11 月 1 日　初版発行

著者　家入一真

発行者　北里洋平

発行／株式会社 NORTH VILLAGE
〒 180-0003　東京都武蔵野市南町 1-1-3 イケダビル 4F
TEL 0422-26-8781 ／ FAX 0422-26-8782
http://www.northvillage.asia

発売／サンクチュアリ出版
〒 151-0051　東京都渋谷区千駄ヶ谷 2-38-1
TEL 03-5775-5192 ／ FAX 03-5775-5193

印刷・製本　創栄図書印刷株式会社
ISBN 978-4-86113-372-5
PRINTED IN JAPAN